AF245701

LE 18 FRUCTIDOR.

130

Journée du 18 Fructidor.

LE 18 FRUCTIDOR,

OU

ANNIVERSAIRE

DES FÉTES DIRECTORIALÉS.

Peccator videbit et irascetur.

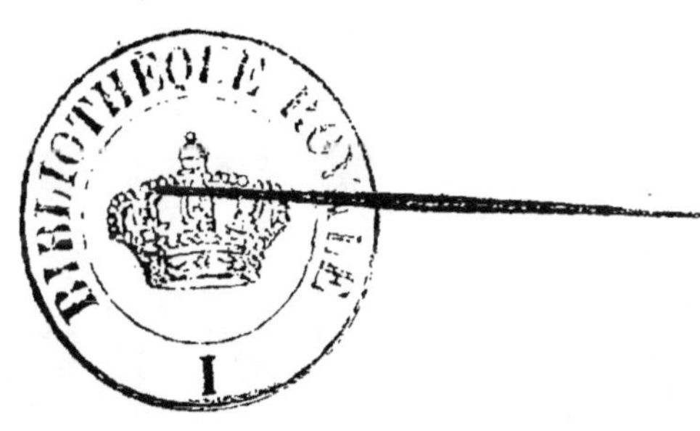

A HAMBOURG.

1798.

LE 18 FRUCTIDOR,

OU

ANNIVERSAIRE

DES FÊTES DIRECTORIALES.

L'IMPUDENCE de nos innovateurs me force de reprendre la plume. Je me croirois coupable du plus grand crime, si je gardois le silence. Quoi! toujours des fêtes! en avons-nous besoin pour nous rappeler les atrocités commises par de vils usurpateurs? pensent-ils que le souvenir ne passera pas jusques à nos arrières petits neveux? Aujourd'hui c'est la fête de l'agriculture, tandis qu'ils ont privé les campagnes des bras nécessaires pour les cultiver; demain la fête de la vieillesse, tandis qu'elle est réduite à pleurer le sort de ses rejettons, ou à croupir dans la plus affreuse misère; un autre jour la fête de la jeunesse, tandis qu'elle est livrée à la discrétion de vautours dont on n'avoit jamais connu l'espèce; tantôt l'anniversaire de l'assassinat d'un Roi qui n'a jamais eu de modèle en justice et en humanité, et dont le plus grand crime est d'avoir épargné cette pourriture fangeuse qui a empesté le plus beau sol de l'Europe, qui a violé tous les droits les plus sacrés , qui a paralysé ou assassiné tout ce qu'il y avoit de plus honnête en France , qui a mis en pratique tout ce que le satrapatisme de la Syrie n'avoit su inventer. Les monstres ! ils ont encore l'audace de proclamer avec emphase l'anniversaire du 18 fructidor, le comble de leur infamie ! Quoi ! ces forcenés avouent audacieuse-ment qu'ils sont les maitres du peuple, en procla-mant sa souveraineté ! Quoi ! ces usurpateurs d'un nouveau genre , déclarent faire tout par le peuple pendant qu'ils le tiennent sous la hache de leurs bourreaux ! Peuple français ! as-tu jamais été con-sulté dans la moindre des actions commises par tes délégués? Voudras-tu toujours te faire regar-der, par l'univers entier , comme le complice des scélérats qui , muni de ta confiance , en ont abusé au point de te museler , pour que tu ne puisse t'opposer à ce que tes sentimens improuvoient ? Verras-tu toujours de sang-froid les arlequinades ensanglantées des mannequins qui se sont emparés des rênes du gouvernement ? assisteras-tu à une fête qui n'est que la triste preuve d'un abus de pou-voir, et l'approuveras-tu par ta présence ?

Loin de moi une idée aussi odieuse !... ils savent toujours se faire accompagner, dans les actions les plus honteuses, ces innovateurs en scélératesse ! Mais aussi n'oublient-ils pas de

choisir leurs véritables complices ; les Français,
les véritables Français, ne prennent pas plus de
part à leurs réjouissances, qu'ils ont participé à
leurs crimes ; ils savent apprécier (mais un peu
tard), ces lions rugissans et furieux qui fondent
à corps perdu sur leur patrie.

Triumvirs? le 18 fructidor a été un jour de victoire
pour vous ; vous devez le fêter ; il étoit nécessaire
à votre ambition : la représentation nationale se
disposoit à mettre des bornes à vos fantaisies
tyranniques ; il falloit la démonceler. La trésorerie n'étoit plus à votre disposition ; vous ne
pouviez plus aisément contenter vos caprices ; les
villes ne devoient plus, par vos ordres seule-
ment, être mises en état de siége ; votre rage
sanguinaire ne pouvoit plus être assouvie : la res-
ponsabilité des ministres étoit décrétée ; vous ne
pouviez plus vous en faire des créatures ; la dis-
tance constitutionnelle des troupes étoit reconnue ;
vous ne pouviez pas accroître à volonté le nombre
de vos satellites ; la justice étoit à l'ordre du jour ;
vos délateurs affidés perdoient les moyens d'exis-
tence ; enfin vous et vos vils esclaves auriez été
livrés à l'infamie qui vous attend ! quelle conspiration ! grand dieu !

Si la majorité du corps législatif eût servi son

pays, il auroit conspiré contre vous ; n'êtes-vous pas assez connus pour qu'on pût et qu'on eût le droit de vous décréter d'accusation ? Vos crimes vous faisoient redouter un pareil acte de justice, et vous avez préféré consommer votre tyrannie à l'expiation de vos forfaits. Vous avez accusé deux de vos collègues et une grande partie des deux conseils d'être des royalistes ; votre fureur vous a fait méconnoître la gaucherie de votre accusation. *Carnot* (1) n'avoit-il pas fait preuve d'un révolutionnaire outré ? Pensez-vous que Louis XVIII auroit voulu se servir d'un instrument aussi impur dans ses négociations en France ?

Ce Carnot méritoit-il la confiance d'un homme qui désire la restauration de son pays ? Louis XVIII se seroit-il regardé assez foible dans ses moyens moraux et physiques, pour s'adresser à un être qui avoit trempé dans tout ce qu'il y avoit de révoltant dans la révolte française ? Celui-là seul suffiroit pour vous convaincre de votre troisième usurpation ; et pour vous en rappeler le souvenir je vais vous les soumettre ? Vous avez assassiné le roi pour devenir gouvernans ; pre-

______

(1) Je ne prétends point insulter au malheur, mais je crois devoir distinguer les *accusés.*

mière usurpation ; vous avez présidé à vendé-
miaire, deuxième usurpation ; vous avez fait le
18 fructidor, troisième usurpation. Mazeas ne
démentiroit pas ce calcul.

Barthelemy étoit bien digne de votre colère,
sa conduite en Suisse devoit la lui attirer ; et
je mettrai en question s'il ne s'étoit pas rendu
coupable dans son ambassade, en maintenant
les Suisses dans une parfaite neutralité ? Certes,
sans lui cette puissance auroit pu se déclarer contre
vous, et votre trône directorial auroit subi un
choc de plus ; il est à la vérité une justice à
lui rendre ; c'est que s'il eût été continué dans
ses premières fonctions, vous n'auriez peut-être
pas porté le feu dévastateur dans un pays que
vous avez spolié tout en voulant le rendre libre.
Il auroit sans doute refusé de s'assimiler à vous,
s'il eût connu vos crimes clandestins. Dans tel
pays qu'on serve des tyrans, tôt ou tard on est
leurs victimes.

Pichegru, dont le nom, suivant vous, faisoit trembler les tyrans extérieurs, n'a pas été
épargné ; il a entraîné avec lui ce qui composoit la commission des inspecteurs de la salle.
L'homme qui avoit conduit les phalanges répu-
blicaines à la victoire, étoit devenu tout-à-coup

un royaliste , et avoit des correspondances avec Louis XVIII. Pichegru un conspirateur ! il auroit dû l'être en déployant contre vous la tactique qui avoit illustré sa carrière militaire ; il auroit dû vous regarder comme l'ennemi le plus forcené de la chose publique , et distiler dans l'ame de ceux qui avoient partagé ses dangers , le venin d'une juste vengeance. Il ne l'a pas fait , c'est un crime ; et l'expérience lui a prouvé trop tôt , qu'une gloire acquise en servant une mauvaise cause , est de bien courte durée.

Lenormand , Lemarchand - Gomicourt, Camille-Jordan , redemandoient les cloches , soutenoient les prêtres , et leur fanatisme étoit sur le point de faire perdre le fruit de la saine philosophie que nous devons à vos nouveaux savans. Quoi c'est conspirer que de se déclarer les amis , les défenseurs de la religion de nos pères ? N'exécutoient-ils pas en cela le vœu de leurs commettans ? C'est être fanatique que de protéger la religion catholique ? Votre fanatisme philantropique n'est-il pas plus révoltant ? Est - il un Français qui , sous l'ancien régime , ait été condamné à l'amende pour avoir mangé , un jour de fête , des haricots sur le seuil de sa porte ? Vous ne voulez point de la religion catholique, parce qu'elle s'oppose au mal et que vous êtes ennemi du bien. Ecoutez *Mably* dont le patriotisme ne doit pas vous être suspect.

« N'est-ce pas une des grandes calamités de
» l'Europe, que cette licence avec laquelle on
» attaque ouvertement la religion qu'on y pro-
» fesse ? Quand cette religiou seroit aussi fausse
» que toutes les autres, n'est-il pas vrai que
» dans la situation actuelle des choses, c'est pres-
» que la seule règle de morale qu'aient la plu-
» part des hommes, et que si elle leur man-
» que, ils ne connoîtront plus aucun frein ? Que
» signifie donc toutes ces rapsodies impertinantes
» qu'on nous débite comme autant de leçons
» et de préceptes de philosophie ? Puisque nous
» n'avons point de déistes qui ose se comparer
» modestement à Socrate, je voudrois au moins
» que tous ces petits messieurs songeassent à
» l'imiter. Ce sage, qui parloit de l'Etre-Su-
» prême avec toute la dignité et la grandeur
» où peut atteindre l'esprit humain, vivoit au
» milieu des superstitions les plus grossières. Le
» voyoit on insulter à la religion publique ? Invi-
» toit-il les Athéniens à fermer leurs temples et
» à briser leurs autels ? Pensez - vous que ce
» fut par son conseil qu'Alcibiade mutila les
» statues de Momus ?

» Tout déiste qui veut détruire les rites d'une
» religion, pour ramener les hommes à un culte
» intérieure et purement spirituel, doit être con-
» tenu comme un visionnaire et un illuminé
» dont la doctrine ne convient pas à la société.
» Prévenez l'impiété, pour n'être pas dans le cas
» de la punir. Cherchez alors par quels moyens
» vous pouvez rendre à la religion son ancienne
» dignité. Soyez plus attentif à la conservation
» des mœurs. Veillez avec plus de soin à ce que
» les athées et les déistes n'osent publier leur
» doctrine ; et formez sur-tout des ministres de
» la religion, non pas à avoir un zèle amère
» et indiscret qui les feroit haïr, mais à prendre
» une conduite qui les fera respecter ».

Voulez-vous vous en rapporter à un grand
homme qui a gouverné sa patrie dans les tems
les plus difficile, qu'on ne peut certainement
pas accuser de superstition, et qui a étudié en
philosophe les règlemens les plus propres à faire
fleurir une république? Je pense, dit-il, qu'il
doit y avoir des temples dans les villes ; et je
ne puis adopter l'opinion des mages de Perse,
qui persuadèrent à Xercès de brûler les temples
des Grecs, parce qu'ils renfermoient entre deux
murailles les dieux à qui tout doit être ouvert.
Les Grecs et nos pères, ajoute Cicéron, ont

(13)

pensé plus sensément pour affermir la piété que
nous devons aux dieux ; ils ont voulu en quelque sorte les faire habiter parmi nous ; et cette
doctrine est avantageuse à la société, puisque
selon les remarques de Pythagore, la piété et
la religion ne forme jamais tant d'impression sur
l'esprit, que lorsque nous sommes occupés du
culte divin.

J. J. Rousseau, votre idole et votre guide ;
dit : la religion catholique est bonne. (Cette as-
sertion en vaut bien un autre) Mais, ajoute le
sophiste, les catholiques ne sont jamais de bons
soldats ; leur religion leur défendant de faire du
mal à ceux de qui ils en reçoivent. Dites-moi,
je vous prie, à qui commandoit Louis **XIV**
lorsqu'il subjugua les autres puissances ? A des catholiques. Quels étoient les soldats de Louis
XV à la bataille de Fontenoi ? Des catholiques.
Quelle sorte d'homme composoit les armées de
Louis **XVI**, lorsque vous le forçâtes à sanc-
tionner votre déclaration de guerre suscitée par
les Jacobins ? Des catholiques. Il existe donc
cette différence entre des soldats religieux et des
satellites sans mœurs. Les premiers braves au
combat, compatissans à l'égard des vaincus, res-
pectant l'asyle par-tout où ils passoient, et ré-

parant, autant qu'il éroit en leurs pouvoirs, les maux que la guerre a faits ; tandis que l'avidité, la dissolution, la débauche, un courage déterminé, mais sans frein comme sans pudeur, forment le caractère de votre soldatesque, indigne de porter les drapeaux et le nom d'un peuple noble et généreux. A la téte de ces hommes perdus marchent des volontaires sans discipline et sans mœurs, qui ne connoissent d'honneur que celui de la bravoure ; de droit, que celui de la bayonnette ; d'objet digne de leurs travaux, que le pillage et le butin.

Je lis ailleurs : « Le christianisme a peu-être été le seul culte établi dans le monde, qui ait proposé aux hommes des récompenses à venir dignes d'eux. Le juif, content du bonheur temporel, ne connoissoit guère d'autre espérance ; l'Egyptien se promettoit, à force de bien vivre, de devenir un jour un éléphant blanc ; le payen comptoit se promener dans les Champs Elisées, boire le nectar, et se repaître d'ambroisie ; le mahométan, privé de vin par ses loix et voluptueux par tempéramment, espère s'ennivrer éternellement entre des houris grises, vertes et blanches ; mais le chrétien jouira de son Dieu ».

Voltaire même a dit en passant en revue les

différens pouvoirs de la religion catholique : « Si la confession n'existoit pas , il faudroit l'inventer ; c'est le seul frein qui puisse contenir les hommes enclins aux vices ». Raynal a abjuré , avant de mourir , tout ce qu'il avoit dit contre la religion. Gobel , évêque constitutionnel de Paris , a voulu se reconcilier avec Dieu avant de porter sa tête sur l'échafaud , et a recusé un *renégat* pour dépositaire *de ses actions secrètes*

Présentement , il est facile de déterminer l'analogie de la vertu à la piété. Celle-ci est proprement le complément de l'autre : où la pitié manque ; la fermeté , la douceur , l'égalité d'esprit , l'économie des affections et de la vertu sont imparfaites. On ne peut donc atteindre à la perfection morale , atteindre au suprême degré de la vertu , sans la connoissance de Dieu.

Et ces fidèles mandataires du peuple , pénétrés de ces principes , sont des conspirateurs ! ils ont conspiré pour n'avoir pas élagué la morale de la philosophie ! ils ont conspiré pour s'être montrés les défenseurs judicieux des ecclésiastiques , victimes d'une fureur sans exemples ! Consultez les habitans des campagnes , demandez – leur quel étoit le plus utile d'un curé , ou d'un juge-de-paix de canton ; ils vous répondront , l'un rétablissoit la paix lorsqu'elle étoit troublée dans nos familles ; sans que nos voisins fussent les témoins de nos altercations domestiques ; il faut aujourd'hui paroître devant l'autre, où tout le monde est instruit de ce qui devroit être secret. Le premier nous servoit d'appui auprès des percepteurs, nous obtenoit du tems, nous faisoit rendre justice si nous étions trop imposés ; le second nous envoie des garnisaires, et sert d'instrument à la tyrannie.

Les protecteurs de l'opprimé seront regardés comme des conspirateurs ! Cette perversité, ce raffinement d'inhumanité, ces cruautés capricieuses qu'on remarque dans vos vengeances, ne sont autre chose que les efforts continuels d'un malheureux qui tente de se détacher de la roue : c'est un assouvissement de rage perpétuellement renouvellé.

Les membres de la commission des finances ne devoient pas être à l'abri de votre fureur. Ils avoient osé dire que les commissaires de la trésorerie vous avoient compté cent millions pour conclure la paix que vous n'avez pas faite, quoique vous eussiez dépensé, à ce qui vous a plu, et sans en rendre compte, comme il est d'usage chez vous, la somme affectée à cet acte desiré

depuis

depuis si long-tems par vingt millions de Français.
Une déclaration aussi franche devoit être regardée
comme une conspiration royale. Vouloir ôter un
os à un chien enragé, c'est courir le risque d'être
mordu.

Vaublanc a dû jouer un des premiers rôles dans
cette conspiration. Il avoit osé dévoiler, à la tribune, les horreurs commises dans les isles, par
Santhonax, dont la corpulence annonce l'indiges-
tion du crime. Il est surprenant qu'on n'aie pas
conservé Tallien, il étoit le plus digne de faire
le pendant d'un semblable cannibale.

Bourdon de l'Oise, compagnon intrépide de
nos furies révolutionnaires, dont le nom seul fait
tressaillir d'horreur, l'inventeur ou l'instigateur
de nouveaux forfaits, auroit été l'agent de Louis
XVIII ! C'est le comble du délire. Vous jugez les
ames honnêtes comme vous vous jugez vous-
mêmes ; vous pensez que tous les moyens leurs
sont propres, et qu'elles s'étayent sur des corps
pourris par le crime ? Bourdon de l'Oise royaliste ! grand Dieu ! qu'étoient donc Marat et Robespierre ?

Par quelle fatalité a-t-on joint un sordide révolutionnaire à des hommes irréprochables ? un

C

Dumolard, un Henri-Larivière, un Quatremère, un Willot et autres, mis à côté d'un Bourdon de l'Oise ! des hommes qui prêchoient partout la paix et la concorde, qui, abhorrant la tyrannie, auroient purgé le code anarchique de toutes les loix distinctives, sont assimilés à un des chauds partisans des monstruosités dont nous avons été si long-tems les victimes ? Comme il n'y a peut-être pas une créature parfaitement insensible à la honte des crimes qu'elle a commis ; pas une qui se reconnoisse intérieurement digne de l'opprobre et de la haine de ses semblables, sans regret et sans émotion ; pas une qui parcoure sa turpitude d'un œil indifférent ; le souvenir fera le supplice éternel de l'un, tandis qu'il est une source de consolation pour les autres ; telle est l'estime des gens de bien, qui n'est due qu'à la vertu, qui la dédommage des sacrifices qu'elle fait, et la soutient dans les revers qu'elle éprouve.

Le respectable Marmontel, dont les travaux et les veilles n'ont tendu qu'à propager la saine morale, avoit été placé au rang de ceux qui, comme le disent les sages, unissent par leurs vertus les cieux avec la terre, les Dieux avec les hommes ; ne devoit pas siéger au milieu de vous ; en l'expulsant, vous ne l'avez pas livré à la torture. L'homme vertueux fait ses délices d'habiter avec lui-même. Vous ne trouverez dans son ame ni les remords , ni les séditions qui agitent l'homme vicieux. Il est heureux par le souvenir des biens qu'il a faits , par l'espérance du bien qu'il peut faire ; il jouit de son estime en obtenant celle des autres. Toute sa vie est en action ; et toutes ses actions naissent de quelque vertu particulière. Il possède le bonheur, qui n'est autre chose qu'une continuité d'actions conformes à la vertu.

Les tribunaux ont subi le même triage. Aussi l'iniquité des magistrats dans l'administration de la justice , est devenue un fléau d'autant plus redoutable pour le peuple , que leur tyrannie s'exerce à l'ombre et par le secours des loix. Soit qu'ils refusent de juger ou jugent mal , les opprimés sont obligés de souffrir ces injustices. On ne trouve pour juges que des courtisans corrompus, prêts également à refuser ou à vendre la justice , et toujours disposés à condamner les plus foibles. Ils n'ont égard dans leurs jugemens , qu'à leurs intérêts particuliers , et aux passions d'une puissance qui essaie à dominer impérieusement sur toute la société.

Le 18 fructidor a fait oublier les loix , on n'en a pas même établi à leur place de fixes ni d'uniformes ; on n'a consulté que les conjonctures et les convenances pour agir, et on ne sait obéir, que parce qu'on se croit trop foible pour se révolter. En un mot, tous les Français, sans patrie, sans se douter même qu'il y a un bien public, sont dans cette situation déplorable que desire, que cherche, que fait naître l'ambition d'un triumvirat. C'est un jeu pour un génie aussi malfaisant, que de tourner à son profit les divisions des citoyens, de les humilier les uns par les autres, et d'élever la prérogative triumvirale sur la ruine commune des Français.

Cette journée a été suivie d'un si grand nombre de meurtres, de fausses accusation, qu'on peut dire que ses auteurs ne vivent, que pour faire voir à quel point de méchanceté peuvent parvenir des usurpateurs, combien ils peuvent se rendre exécrables.

Néron fit mourir tous les riches de sa cour, tout ce qu'il y avoit de personnes d'âge qui avoient d'abord favorisé son adoption et son avènement à l'empire. Enfin il fit mourir les gens sans distinction avec leurs familles par le fer, par le poison, en les faisant noyer, en les privant d'alimens : le tout pour quelque sujet que ce fut, ou sans sujet ; quelques-uns à cause de leurs noms ou de celui

de leurs ancêtres ; d'autres, parce que leur phy-
sionomie leurs regards ou leur caractère lui dé-
plaisoient. Il pilla les provinces et les temples,
dissipa les tresors publics, massacra les plus honnêtes gens, et porta en tous lieux, en même-tems,
la débauche et la désolation. Qu'avez- vous fait
de moins, ou plutôt que n'avez-vous pas fait de
plus que ce monstre d'exécrable mémoire ?

Vous ne devez le poste éminent auquel vous
vous êtes élevés, qu'à la ruse et à la fourberie.
Vous avez usurpé le gouvernement par des moyens
si bas et si méprisables, qu'ils sont capables de
déshonorer l'usurpation même ; par mille super-
cheries, et changemens de partis soudain, sans
pudeur ni bienséance ; par mille meurtres commis de propos délibéré, sans aucune forme de
procès et sans sujet ; par une infinité de perfi-
dies et d'assassinats.

Pour exécuter tout cela, vous avez tordu les
loix, ou plutôt vous les avez foulées aux pieds.
Vous avez forgé des preuves, vous avez suborné
des témoins, et vous avez mis en usage tous les
artifices pour faire périr les innocens, et vous entourer de misérables couverts de crimes. Accou-
tumés à humilier le peuple, vous vous regardez
comme les dépositaires de tous les pouvoirs ; et

ne doutez point que les loix protectrices ne doivent être abrogées par vos arrêtés. Sous prétexte de remédier aux maux publics, et de rétablir l'ordre, vous vous livrez à des nouveautés dangereuses, auxquelles la situation actuelle des affaires ne permet d'opposer que de foibles obstacles. Vous n'avez connu ni l'étendue, ni les bornes de votre autorité ; faire déporter, faire assommer, s'emparer, au préjudice des héritiers légitimes, de la succession des victimes, se croire le maître de tout, parce qu'on est le plus fort et le plus injuste ; tout cela ne demande que l'insolence et la brutalité qu'on s'est acquise dans l'antre où se raffine le crime.

Quelle tranquillité, quel repos (1) y a-t-il pour vous, qui ne pouvez vous cacher ; je ne dis pas que vous êtes indignes de l'amour et de l'affection du genre humain, mais que vous en méritez toute l'aversion ? Dans quel effroi de Dieu et

____

(1) Rencontre-t-on un moment de bonheur dans la vie de Néron ? on le voit dans d'éternelles horreurs ! ses transes vont quelquefois jusqu'à l'aliénation d'esprit : alors il apperçoit le Ténare entr'ouvert, il se croit poursuivi des furies ; il ne sait où, ni comment échapper à leurs flambeaux vengeurs ; et toutes les fêtes monstrueusement somptueuses qu'il ordonne, sont moins des amusemens qu'il se procure, que des distractions qu'il cherche.

des hommes ne vivrez-vous pas ? Quelque part que vous alliez , de quelque côté que vous vous tourniez , en quelqu'endroit que vous jettiez les yeux ; tout ce qui s'offre à vous , tout ce que vous voyez , tout ce qui vous environne ; à vos côtés , sur vos têtes , sous vos pieds , tout doit se présenter à vous sous une forme effroyable et menaçante. Séparés de la chaîne des êtres , et seuls contre la nature entière ; vous ne pouvez qu'imaginer toutes les créatures réunies par une ligue générale , et prêtes à vous traiter en ennemi commun. Vous êtes en vous - mêmes , comme dans un désert affreux , où votre vue ne rencontre que des ruines. S'il est doux d'être banni de sa patrie , exilé dans une terre étrangère , ou confiné dans une retraite ; qu'est-ce donc que ce bannissement intérieur et que cet abandon de toute nature ? que ne devez-vous pas souffrir en portant dans votre cœur la solitude la plus triste , et trouvant au centre de la société le plus affreux désert ? être en guerre avec l'univers , vivre dans un divorce irréconciliable avec la nation : quelle condition !

Sous un tyran , dit un auteur moderne , toutes les forces de la nation sont tournées contre elle-même ; le gouvernement fait une guerre continuelle aux citoyens ; il les attaque dans leurs biens,

dans leur honneur, et il ne leur laisse que le sentiment profond de leur misère. Un tyran n'a d'autres vues que d'attirer à lui toutes les richesses de
l'état, et de les faire servir à ses sales voluptés.

Denis, roi de Siracuse, avoit tellement multi-
plié les impôts, que dans l'espace de cinq ans,
les biens de tous les particuliers étoient entrés dans
son trésor.

Comme le tyran ne règne que par la crainte
qu'il inspire, sa sûreté est l'unique objet de son
attention ; sa garde n'est composée que d'esclaves
qui servent d'instrument à ses fureurs et à ses caprices.

Pour maintenir son despotisme, il a l'attention
d'anéantir les citoyens qui s'élèvent trop au-dessus
des autres ; il ne permet ni le progrès des con-
noissances qui peuvent éclairer les hommes, ni
les assemblées qui peuvent les réunir ; il les as-
siége par des espions, qui les tiennent continuel-
lement dans l'inquiétude et l'épouvante ; par des
pratiques adroites, il séme le trouble dans les familles, la division dans les différens ordres de
l'état, la méfiance jusque dans les liaisons les plus
intimes ; il accable le peuple d'impôts, l'entraîne
à des guerres excitées à dessein ; il le reduit au
point de n'avoir ni élévation dans les idées, ni
noblesse

noblesse dans les sentimens ; il lui ôte le courage
et les moyens de secouer le joug qui l'opprime ;
le trône n'est environné que de vils flatteurs
et des tyrans subalternes , d'autant plus utiles au
despote , qu'ils ne sont arrêtés ni par la honte ni
par les remords. Il faut de toute nécessité qu'un
gouvernement si monstreux finisse tôt ou tard ,
parce que la haine ou le mépris qu'il inspire ,
doit tôt - ou - tard venger la majesté des nations
outragées.

Mutato nomine de te fabula narratur. Em-
ployer , pour retenir le peuple dans l'esclavage ,
tantôt la voix des fêtes et des spectacles , tantôt
celle de la violence et de la cruauté ; le dis-
traire du sentiment de ses maux , en le condui-
sant à des conquêtes brillantes. De celui de ses
forces , en l'assujettissant à des travaux pénibles ;
s'emparer des revenus de l'état et des possessions
des particuliers ; s'entourer de satellites et de
flatteurs ; se renfermer au besoin dans un pa-
lais , savoir tromper les hommes et se jouer
des sermens les plus sacrés , tels sont les principes qui vous dirigent ; on pourroit intituler
l'histoire de votre règne : l'Art de gouverner à
l'usage des Tyrans.

Lamarque , Tallien , et l'évêque constitutionnel de Périgueux , ont aidé de tout leur pouvoir à consommer cet acte atroce. Ils ont été néan-moins , expulsés des soi-disant conseils , où ils s'étoient fait réélire.

Ceux qui servent les tyrans , le plus glorieusement , n'en doivent attendre que la défiance et toute sorte de mauvais traitement , ou pour récompenses de leurs services , d'être au moins congédiés.

Augereau va porter ses mains habituées au carnage sur la saine partie de la représentation nationale , et désarma Ramel , lâchement abandonné par ses grenadiers. Ce confident a été relégué dans une ville de province , où il éprouve à chaque instant les effets de l'indignation publique. On auroit dû l'affubler de son *armure* natale, sur laquelle il auroit emporté Laréveillère-Lépaux , qu'il auroit montré aux habitans du midi, comme la bête du Gévaudan ; je sens qu'à cette vue ils auroient tombé de frayeur : mais Augereau ! tu aurois pu les tranquiliser, en leur assurant que la Divinité avoit épuisé sa toute-puissance, en créant le porteur et le fardeau.

Je sais que chaque individu a un *intérêt privé*, un bien-être qui lui est propre, et auquel il tient de toute sa puissance. Mais je suis également convaincu que celui qui périt en s'attachant à la vertu, y gagne, quoiqu'il puisse perdre, et que celui qui gagne par la méchanceté, y perd certainement quoi qu'il acquierre. La vertu tient lieu de tout, et les gages de l'iniquité sont pire que si l'on n'avoit rien.

Le 18 fructidor, la France se trouve sans représentation, la capitale est hérissée de canons, les coins des rues sont salis par des placards, la stupeur s'empare de tous les habitans, et chacun se croit à sa dernière heure. Ce qui restoit de députés libres court à son poste ; il est barré par des bayonnettes : les partisans de la tyrannie se réunissent, les uns à l'Odéon, les autres à l'Ecole de médecine, où ils attendent, en esclaves, les ordres du triumvirat.

Artistes de l'Odéon ! de quel feu ne serez-vous pas animés en reparoissant sur la scène ? chaque rôle tragique y trouvera son original. D'une coulisse vous verrez sortir un tyran, de l'autre un persécuteur : ici un violateur de tous les traités ; là un délateur ; ailleurs un assassin ; et l'ensemble de votre édifice vous offrira l'aspect de tout ce qu'il y a de consommé en noirceur et en scélératesse.

Et vous, jeunes élèves en chirurgie, la table destinée à vos opérations, vous inspirera la crainte de porter des mains meurtrières sur la saine partie d'un malade que vous serez chargé de guérir. Ici , direz-vous , a été faite l'opération la plus inouie ; sur cette table a été disséqué , mutilé , brisé , pulvérisé un corps regardé comme indissoluble , par ceux-là même qui avoient juré de veiller à sa conservation.

Cette journée mémorable vit paroître Boullay de la Meurthe , dont l'honneur est connu. Déportez , s'écrie-t-il du haut de la tribune , tous ceux qui s'opposent à notre autorité. Un des favoris de Néron , orateur mercenaire , payé pour rendre légitime la tyrannie et les meurtres, par le moyen des loix et des harangues; pour calomnier les innocens et invectiver contre eux ; avant qu'on les livrât aux bourreaux , dit au tyran son maître , qu'il ne faisoit que se fatiguer lui et ses avocats par des procédures si lentes avec le senat , en accusant et faisant mourir les membres de ce corps un à un , lorsqu'il pouvoit d'un seul mot faire périr le corps entier d'un seul coup.

Jean-de-Bry et *Merlin-de-Thionville* , dont les actes révolutionnaires passeront à la postérité, se dispute le pas pour appuyer le nouveau Cannibale. C'est en bravant le mépris et la haine de la nation entière , que ces misérables conventionnels sont parvenus à se faire continuer dans le gouvernement ; et c'est sans doute pour nous ensevelir sous ses ruines, qu'ils couronnent en ce moment tous les vices, et proscrivent toutes les vertus.

Ces énergumènes, feignant d'ignorer que vous ne demandiez au ciel que la liberté de choisir des députés sages, ont annullé votre choix : ils ont expulsé du sénat ce qu'il y avoit de plus prononcé pour les intérêts de la nation et de plus attaché aux devoirs de magistrat, afin d'y conserver des instrumens propres au renversement des loix ; des créatures dévouées à la pure volonté du triumvirat ; donc les fortunes et les conseils sont également désespérés ; crains ou méprisés, intéressés, entreprenans ou téméraires, tels enfin qu'ils lui complairont en tout, et qu'ils dépendront entièrement de lui. Lorsque Néron se conduisoit par les conseil de *Sénéque et de Burrhus*, son gouvernement étoit irréprochable ; mais lorsqu'il fut guide par Tigellin, il se livra à toutes les violences d'un tyran.

Un usurpateur déclare rebelle tous ceux qui n'ont pas opprimé la patrie comme lui, et croyant qu'il n'y a pas de loi là où ils ne voient pas de juges, il fait varier, comme des arrêts divins, les caprices du hazard et de la fortune.

Il n'est par extrêmement difficile de remédier aux maux d'un peuple dont le gouvernement n'est pas altéré dans le principe fondamental de l'obéissance et de la subordination. Quand il subsiste encore une puissance législative , les esprits ont un point de réunion ; les désordres eux-mêmes deviennent autant de leçons utiles , et il suffit de faire quelques réformes sages ; mais quand les troubles de l'état portent avec eux les symptômes d'une anarchie générale , soutenue , protégée , nourrie par les usurpateurs et subalternes ; qu'il n'existe qu'un simulacre de législature , ou plutôt qu'une bande de mitrailleurs , ramassés dans la lie de la nation , incapables d'agir pour l'amour de la gloire , et qui , sans fortune particulière , ne prennent aucun intérêt à la fortune publique , et ne songent qu'au butin qu'ils espèrent emporter dans leur fuite honteuse. De qui peut-on donc attendre des loix harmoniques ? c'est à la source du mal qu'il faut alors remonter.

On dit ordinairement qu'il vaut mieux avoir un mauvais gouvernement que de n'en avoir aucun. Bien loin de trouver cette proposition évidente , je penche à croire qu'une tyrannie absolue est pire que l'anarchie. Je conçois sans peine que la confusion populaire est moins pernicieuse qu'une tyrannie établie , et que cette confusion feroit moins de mal et finiroit plus tôt. Tous les tumultes sont d'une courte durée, et quand ils sont appaisés, les choses reprennent leur train ordinaire ; au lieu que la tyrannie peut durer des siècles entiers, et exercer ses ravages jusqu'à ce qu'elle ne trouve plus rien à détruire.

Quels peuvent être au fond les effets d'une plus terrible anarchie, qu'une désolation et une fureur passagère, qui s'en prennent aux loix et à la vie ? peut-on dire que le gouvernement subsiste lorsque la justice est négligée, que la violence et l'oppression en ont usurpé la place, qu'une volonté qui ne connoit point de loi est la seule raison ; que les ravages d'une passion aveugle, et que le fer sont la seule administration que l'on voit ?

Si c'est là un gouvernement, qu'on me dise ce que c'est que l'anarchie ? L'obéissance est elle due à autre chose qu'aux loix et à la protection ? celui qui vole et qui tue est-il donc un magistrat ? c'est c'est par des effets et non par des titres et des noms, qu'on doit distinguer un magistrat d'un ennemi et l'on doit punir moins rigoureusement un voleur de profession qu'un usurpateur déhonté. Qu'ont les sociétés de mieux à faire à l'égard des traîtres et des exterminateurs, si ce n'est de les expulser eux-mêmes ; de les bannir péril

avant qu'ils aient détruit la société et les membres qui la composent.

Des oppresseurs , sous le nom de magistrats ,
sont les plus détestables de tous les oppresseurs ;
c'est par l'impudence qu'ils ont de s'en arroger le
titre , c'est par cette maligne mocquerie , qu'ils
devroient d'autant plus exciter l'indignation ; rien
ne doit être négligé pour la destruction de ces
tyrans.

La seule haleine de la tyrannie flétrit tout ,
détruit ce qu'il y a de meilleur , ni la vertu ni la
félicité ne sauroient suboister devant elle ou à
portée de ses atteintes.

C'est la maxime des tyrans de rendre leurs sujets méchans. Ils doivent être sordides , ignorans ,
débauchés , denués de tout amour du bien public,
dépouillés de toute humanité et de tout sentiment d'honneur.

Tel est ce repaire divisé en deux parties , établi
par le 18 fructidor. Que peut-on attendre de ces
brigands , sinon toutes sortes de méchancetés de
cruautés et de malversations ? Peut-on attendre
autre chose de la part de ces monstres qui caressent
et donnent les emplois aux plus infames , aux
plus noirs et aux plus détestables des scélérats ;

ennemis

ennemis déclarés de tout ce qui est bon et juste ;
ils proscrivent partout la probité, et feront périr
tout homme qui a du mérite ou des talens. Effa-
rouchés par les obstacles, enhardis par le succès ;
ils commettent chaque jour, avec le plus grand
sang-froid, les actions les plus atroces que l'em-
portement ne sauroit justifier ; les loix de l'humanité sont violées, aucune bienséance ne sup-
plée au renversement de la morale ; ils ne mettent
aucun art à déguiser leurs plus grands attentats ;
ils mettent même sous leur sauve-garde, l'assassin
qu'ils ont chargé de les servir.

Avertis par leur conscience qu'il ne peut y avoir
de sûreté pour eux au milieu des peuples qu'ils
oppriment, ils croient que le seul moyen qu'ils
ont de connoître les périls dont ils sont en-
vironnés, et de s'en garantir, c'est de s'attacher,
par l'intérêt et par l'ambition, des ames viles, qui
se répandent dans les familles, en surprennent
les secrets et les leurs défèrent.

Après avoir sacrifié leurs ennemis, satisfait leur
haine, ces satellites à gages songent à contenter
leur avarice ; ils accusent les particuliers les plus
riches, dont ils partagent la dépouille avec les
hommes sanguinaires et cruels qui les emploient.
Ils consultent ensuite les frayeurs incertaines et

E

vagues des tyrans et malheur à ceux sur qui les soupçons s'arrêtent, leurs têtes sont à l'instant proscrites. C'est ainsi que chaque jour, le règne des triumvirs offre le spectacle déchirant de l'innocence opprimée d'une cruauté sans cesse renaissante, d'une soif du sang humain toujours plus dévorante ; l'injustice est partout préconisé et triomphante, la vertu persécutée et poursuivie avec le dernier acharnement.

Le bonheur commun et la sûreté publique sont les vues de la société : procurer ces vues, c'est le devoir de ceux qui gouvernent; lorsqu'ils s'en acquittent, c'est le devoir des gouvernés d'obéir, de respecter et soutenir leurs supérieurs. Lorsqu'on ne s'attache pas à ce but, mais qu'au contraire l'autorité dégénère en violence, la subordination légitime en esclavage, lorsque la seule volonté, le plaisir et les passions sont l'unique règle de ceux qui sont en place ; lorsque la misère universelle, la crainte et l'oppression l'emportent ouvertement, peut-on dire que le gouvernement subsiste ? Non assurément, ce ne sont pas là des actes de gouvernement; ce sont des actes d'hostilité, et la résistance qu'on fait à un ennemi est fondée sur le droit de la défense particulière; c'est la loi et le devoir de la nature. N'est-ce pas une

:hose qui y répugne , qui est contraire au bon sens , d'avoir du respect pour le mal , d'être infatué pour celui qui en est l'auteur , et de s'imaginer qu'on lui doit toute sorte de soumission et de respect ? Etoit-il possible aux Romains d'aimer Tibére ? pouvoient-ils estimer Calligula ou Néron ? C'est assez que le peuple aime ceux qui l'aiment , qu'il donne son estime à ceux qui le protègent et le soulagent.

Le 18 fructidor devenu le patrimoine de quelques bandits , sera l'exécration des siècles futurs.

Vous vous êtes placés au poste que vous occupez , par la force des armes.

Dignes émules de Robespierre , vous avez choisi ses successeurs (1) , pour l'amour de leur ressemblance avec ce monstre.

Vous avez soutenu la puissance triumvirale par le crime et par la lâcheté.

Vous avez, au mépris des loix , expulsé les magistrats librement élus par le peuple , sous le vain prétexte de conspiration.

----

(1) Il est néanmoins des hommes confondus dans ce cloaque , qui n'ont d'autre crime à se reprocher que celui d'être inutiles.

Vous vous êtes arrogé une puissance illimitée ,
qui , n'ayant d'autre règle qu'elle même , produit
autant de monsttes que l'art indigne qui veut
faire plier la justice.

Dans les taxes imposées sur le peuple , dans les
accusations intentées aux particuliers , ce n'est
point la justice ou le crime qu'on regarde , mais
combien on peut tirer d'argent (1); c'est ainsi que
les gens riches sont toujours coupables. Un homme
riche qui a une grande fortune , manque rare-
ment d'être regardé comme un criminel d'état

-----

(1) Néron , au milieu de ses débauches et de ses profu-
sions , ne s'avisa jamais de prévoir qu'il pourroit tomber
dans le malheur : qu'il seroit un jour obligé de demander de
l'argent aux Romains , et d'en essuyer un refus. Il vécut
assez pour voir ce jour-là , pour éprouver le besoin et pour
ne trouver personne qui y pourvut. Lorsque les provinces
et les armées vinrent à se révolter , et qu'il jugea à propos
d'y aller mettre ordre en personne , il manqua de fonds
nécessaires pour cela. Il donna ordre à tous les sujets , de
quelque qualité et condition qu'ils fussent , d'apporter un
certain argent selon leurs facultés ; presque tous refusèrent
de contribuer quoique ce fut , et demandèrent , d'un commun accord , qu'il rappelât les sommes immenses qu'il avoit
données à ses créatures , aux instrumens de sa tyrannie, aux
délateurs , aux accusateurs.

insigne , et perd toujours les biens avec la vie ; il est souvent mis à mort sans autre formalité qu'un simple ordre de votre part , de le tuer , et de saisir tout ce qu'il a.

Les gens vicieux , les fainéans , les gens sans pudeur qui vous entourent , et dont vous savez si bien vous servir , écartent avec soin tous ceux qui ont le dangereux caractère d'honnêteté , de sincérité et de modestie ; votre cour n'est composée que d'accusateurs , de gens les plus dissipateurs et les plus avides; la peste et l'opprobre de la société.

Vous prêchez et faite propager l'infame déisme, dont Laréveillère est l'apôtre (1).

Par votre loi du 18 , vous metrez en vigueur tout ce que la terreur avoit de plus insigne.

Vous avez fini de la rendre la république odieuse à tout les Français.

---

(1) Laréveillère se plaignoit un jour à Barras de ce que la Théophilantropie ne prenoit pas: « Eh bien ! lui répondit Barras, Jésus-Christ s'est fait crucifier pour sa religion ; fais-toi pendre pour la tienne, elle prendra peut-être ». *Fiat.*

Enfin les Néron, les Tibère sont vos inférieurs en fait de scélératesse et de cruautés.

Voilà le tableau rapide de cette journée qui a *SAUVÉ la France*, dont on doit célébrer l'aniversaire avec toute la pompe directoriale et où brilleront les débris de la couronne.

La suprême puissance et une grande prospérité sont des avantages très-propres à faire tourner la tête et enfler le cœur.

Les gouvernans qui souhaitent sincèrement ne pas tomber dans l'ivresse et dans l'insolence naturellement attachées aux premières places, doivent considérer qu'ils sont dans l'infortune et examiner avec quelle facilité leur état peut changer. Ils devroient au moins se mettre à la place des gouvernés, et en user avec eux comme ils voudroient qu'on en usât, considérant combien l'esprit de vertige, causé par l'élévation, suspend et obscurcit les fonctions de l'entendement, ils devroient modérer leur joie, étouffer leur vanité et leurs autres passions, pour consulter leur raison et en faire usage. Au lieu de cela, ils ne se dépouillent de la satisfaction qu'ils ont d'euxmêmes, que quand elle les quitte : ils n'écoutent la raison que quand ils ne peuvent en tirer aucun avantage.

L'extravagance est la boussole de nos grands faiseurs, la destruction leur aliment, l'oppression leur amusement, l'avarice et l'ambition leurs idoles, et la tyrannie leur soutien. Mais lorsqu'on est ainsi gouverné, le peuple ne craint pas qu'aucun changement rende sa condition pire ; tous les particuliers soupirent après une révolution, et sont capables de s'exposer à une guerre civile, d'essayer de nouveaux malheurs pour se délivrer de ceux qu'ils endurent, et se venger de leurs oppresseurs.

Cette remarque frappera d'abord les yeux de nos gouvernans, mais livrés à des passions criminelles, ils n'écouteront point la raison. La tentation présente, la cupidité qui les domine, sont trop fortes pour qu'ils puissent y résister, et sans égard aux conséquences, sans songer à la sûreté de l'état, au bien public, à l'infamie et au danger où ils s'exposent, ils suivront aveuglément les impressions de leurs desirs et de leur vengeance.

Les visites domiciliaires, la détention des pères dont les enfans se seront soustraits à la requisition, ou qui auront abandonné les hordes dévastatrices ; la commission militaire permanente, qui équivaut sans contredit au tribunal révolutionnaire, puisque le procès qu'on fait à l'accusé s'y juge selon que le Directoire l'a déterminé lui-même en particulier ; puisque c'est selon son avis qu'on y condamne les accusés ou qu'on les renvoie absous : l'envoi d'un nombre considérable de troupes dans les provinces pour y percevoir les subsides obtenus des soi - disant conseils : toutes les atrocités enfin que leur imagination féconde en barbarie pourra leur suggérer, seront mises à exécution. Tibère, Domitien, qu'étiez-vous en comparaison de ces furies atroces ! Si nos ancêtres ont vu la France dans l'état le plus florissant, il nous étoit réservé de la voir sous le poids le plus accablant et les dernières rigueurs de la servitude publique.

N'est-ce pas un scandale affreux, que ces ré-publicains se soient alloué le double de leurs honoraires ? Il falloit un 18 fructidor pour auto-riser un commis à puiser à volonté et à son profit, dans la caisse de son commettant.

Misérables ! Vous expulsés des conseils des hommes qui, selon vous, vouloient la ruine de leur pays, et vous le volez ouvertement ! Ce n'est pas tout :

Si la France est désunie et corrompue comme

elle l'est en effet et dangereusement ; qui a plus
contribué que vous à la mettre en cet état ? à
peine avez-vous paru dans le monde , que vous
vous êtes associés avec tous les perturbateurs du
repos public , avec tous les égorgeurs. Vous avez
commencé vos fonctions par des coups d'autorité
pleins de violence ; vous avez dépossédé vos collègues de leur part de l'administration ; et depuis ce tems vous réglés tout à votre fantaisie,
et d'une manière arbitraire. Vous donnez et ôtez
à qui vous voulez ; vous épouvantez les uns ,
vous emprisonnez les autres ; vous supposéz des
conjurations , vous subornés des accusateurs et de
faux témoins.

Vous commettez chaque jour quelque nouveau
crime d'état ; vous conduisez la guerre à votre
fantaisie , vous attaquez également les amis et les
ennemis de la France ; la faction , les présens ,
les promesses , les voleries , les concussions , sont
les moyens que vous employez pour vous faire
des partisans.

De cette manière , vous vous êtes rendus les
maîtres du genre humain , non-seulement sans
avoir du sens, et les sentimens les plus communs
de compassion et d'humanité , mais encore avec
une haine implacable que vous faites éclater im-

punément tous les jours. L'autorité d'un lion ,
ou de quelqu'autre bête féroce , et tous ses ravages , seroient moins funestes et honteux au
peuple.

Jugez de l'anniversaire qui doit être célébré
pour votre conservation.

Parmi les loix atroces rendues depuis le 18 fructidor , on vient d'en afficher une qui donne de
l'encouragement aux délateurs (1) et aux accusateurs, sortes de gens , nés pour la destruction
du genre humain , que les craintes ni les peines ne
sauroient jamais assez réprimer. Ce sont pour-
tant ces pestes publiques que le Directoire recher-
che et invite aujourd'hui par de grandes récompenses.

Dira-t-il qu'ennemis des loix , ils en sont les
défenseurs ? ils sont ses propres défenseurs , puis-
qu'il le veut ainsi ; ils sont les champions de ses
violences et de sa cupidité ; ils sont des loups ra-
vissans , altérés du sang et de la fortune de tout
homme de mérite et de celui qui a du bien.

____

(1) « J'ai une aversion secrète contre la délation , dit
Mably, elle est basse , elle est odieuse , elle avilit les
hommes , elle les rend suspects les uns aux autres , et ,
sous aucun prétexte le législateur ne doit l'ordonner.

Tels sont les agens et les instrumens de la tyrannie. Les tyrans les favorisent, les animent ouvertement et leur accordent des récompenses.
Leur emploi est de tendre des piéges et de ruiner
tout homme remarquable par sa naissance et par
ses richesses ; souvent les emplois les plus lucratifs
et les postes les plus éminens sont la récompense
de leur honteuse servitude ; d'après cela, doit - on
être surpris de celles qu'ils promettent à ceux qui
se livreront à un métier si vil et si odieux ? A quels
bas moyens des usurpateurs sont-ils obligés de re-
courir, abandonnés de tout être sentimental ils
appellent à leur secours tout ce qu'il y a de plus
féroce !

Vos colonnes directoriales menacent ruine, il
n'y a ni présens, ni bienfaits qui fassent qu'on puisse
compter sur des gens sans honneur et sans vertu.
Tel aura été hautement favorisé par vous, et sera
redevable à votre libéralité, qui le premier vous
abandonnera et même se tournera contre vous,
de sorte que vos largesses, les soins que vous vous
donnez d'acquérir des créatures, seront regardés
comme une marque de vos foiblesses et de vos
craintes : le gouvernement tout méprisable qu'il
est, sera encore méprisé d'avantage et vos sang-sues
devenues insatiables, feront un dernier effort.

Vous recueillerez tous les fruits de vos énormités, vous souffrirez de grands maux pour en avoir fait souffrir au peuple. Votre prodigalité et les moyens impitoyables que vous employez jetteront les Français dans le désespoir, et si la première partie de votre directoriat se passe dans les plaisirs et dans l'oppression des peuples, la dernière aboutira à l'infortune et à la misère, et quelques ambitieux, tirant avantage du mépris et de la haine que tout le monde vous porte, vous poursuivront jusqu'à la mort.

Directeurs, il est un terme pour le crime comme pour le succès : le 9 thermidor fit justice de Robespierre ; il trouva l'échafaud au lieu du trône qu'il ambitionnoit. Le même sort vous attend.

FIN.

A NOS
MAGISTRATS SUPRÊMES,
SUR LA PRÉTENDUE DESCENTE
EN ANGLETERRE.

AIR : *Femmes voulez-vous éprouver.*

I.

En ballon vous passez les mers,
J'admire votre politique ;
On croit déjà voir dans les airs
S'envoler votre République.
L'anglais soutiendra bien ses droits,
Jamais son bras ne se démanche,
Et je crains bien que Georges trois
N'ait la victoire dans la *Manche.*

II.

Que de lauriers tombés dans l'eau !
Combien de richesses perdues !
Que d'hommes courent au tombeau
Pour porter Buonaparte aux nues.
Ce guerrier vaut son pesant d'or,
En France personne n'en doute.
Mais il vaudroit bien plus encor,
S'il valoit tout ce qu'il nous coûte.

III.

C'est sans doute pour notre *bien*
Que vous nous forcez à la guerre ;
Pères du peuple , on le sait bien ,
C'est votre *bienfait* ordinaire.
Entendez les concerts flatteurs ,
De tous les habitans des Gaules ;
Si vous les portez dans vos *cœurs* ,
Ils vous portent sur leurs épaules.

IV.

Philouse marche sur les eaux
Comme autrefois Simon Barjone ;
Les Dieux ont perdu leur carreaux ;
C'est le Directoire qui tonne.
Messieurs , pacifiez les mers ,
Mais laissez Georges sur le trône.
Donnez la paix à l'Univers
Et qu'ensuite Dieu vous pardonne.

FAUTES ESSENTIELLES

à Corriger.

Page 6, ligne 10, par le peuple, *lisez*, pour le peuple.

Page 8, ligne 1, il auroit, *lisez*, elle auroit.

Même ligne, n'êtes-vous pas, *lisez*, n'étiez-vous pas.

Page 11, ligne 16, qui ose se, *lisez*, qui n'ose se.

Même Page, dernière ligne, statues de Momus, *lisez*, statues de Minerve.

Page 14, ligne 2, que la guerre a faits, *lisez*, que la guerre avoit faits.

Page 15, ligne 12, ou pitié, *lisez*, ou la piété.

Page 18, ligne 6, distinctives, *lisez*, destructives.

Page 23, ligne 14, s'il est doux, *lisez*, s'il est dur.

Même Page, ligne 18, toute nature, *lisez*, toute la nature.

Même Page, ligne 22, avec la nation, *lisez*, avec la nature.

Page 25 , ligne 13 , la voix des fêtes , *lisez* ; la voie.

Page 26 , ligne 10 , Augereau va porter , *lisez*, osa porter.

Page 29 , ligne 26 , il fait vatier , *lisez*, il fait voir.

Page 30 , ligne 8 , quelques réformes , *lisez* ; quelques réglemens.

Page 32 , ligne 14 , leurs sujets , *lisez* , leurs suppôts.